Christa Peikert-Flaspöhler
Du träumst in mir, mein Gott

Meiner Schwester Barbara gewidmet

Christa Peikert-Flaspöhler

Du träumst in mir, mein Gott

Frauen beten

Lahn-Verlag Limburg

Die Deutsche Bibliothek –
CIP-Einheitsaufnahme

Peikert-Flaspöhler, Christa:
Du träumst in mir, mein Gott:
Frauen beten/
Christa Peikert-Flaspöhler. –
3. Auflage,
Limburg: Lahn-Verlag, 1994
ISBN 3-7840-2672-9

Textnachweis:
S. 87 aus »Friede, nimm meine Hand«,
Gedichte von Christa Peikert-Flaspöhler,
Lahn-Verlag, Limburg 1984.
S. 88 und 92 aus »Füße hast du und Flügel«,
Gedichte von Christa Peikert-Flaspöhler,
Lahn-Verlag, Limburg, 2. Auflage 1986.

e verlags gruppe engagement

3. Auflage: 1994

Lektorat: Ursula Mock.
Umschlaggestaltung: Harald Gliesche.
Gesamtherstellung: Limburger Offsetdruck, Limburg.

ISBN 3-7840-2672-9

Vorwort

Liebe Leserinnen und Leser,
daß ich Sie *so* anspreche, bildet keinen Gegensatz zum Untertitel dieses Buches, der lautet: Frauen beten. Ich sage damit, daß es mir nicht zusteht, alle Frauen und Männer Beterinnen und Beter zu nennen, wenn sie sich auf die lyrischen Gebetstexte und die Gebete in konkreten Lebenssituationen, die der Band enthält, einlassen wollen. Werden das Lesen, Bedenken und Empfinden persönliches Beten, so freue ich mich.
Was möchte die Sammlung »Du träumst in mir, mein Gott« Ihnen nahebringen? Erziehung und Gewöhnung in Kirchen und Gesellschaft haben Fantasie und Träume über lange Zeiten hin von Gott getrennt. Vor uns stand und steht auch gegenwärtig noch oft ein enggefaßtes, ein reduziertes göttliches Wesen. Wir wissen, daß Gott unfaßbar, unvorstellbar für uns bleibt. Aber als Menschen brauchen wir Bilder, um uns dem Göttlichen zu nähern, um seine Nähe zu spüren.
Je mehr wir Frauen uns der Würde und des Wertes als Person bewußt wurden und werden, erleiden wir den Mangel des zu Unrecht halbierten Gottesbildes. Fremde, ja, Heimatlosigkeit bedrücken uns. In der kirchlichen Liturgie, in Gebeten und Lie-

dern begegnet uns nach wie vor fast ausnahmslos der Herr, der Vater, der Sohn, der Geist, der König, der Christus.
Sprache spiegelt die gelebte Wirklichkeit.
Sprache spiegelt die Herrschaftsverhältnisse.
Im *männlich* fixierten Gottesbild drücken sich weniger Wahrheit und Treue, als Armut, Enge und Machtanspruch des menschlichen Herzens aus. Das Heilige selbst aber läßt uns in der Seele seine Vielfalt, seine Fülle schauen, so, wie es das bei Menschen früherer Zeiten auch getan hat. Gefragt ist unsere Offenheit.
Ich versuche auszusprechen, was ich in meinem Suchen, in meinem Leben mit Gott, erfahre. Göttliche Liebe *kann* nicht von Mangel bestimmt sein. Göttliche Liebe vereint in sich das Männliche und das Weibliche, das Mütterliche und das Väterliche. Wie sollten gerade das Gebärende, das Leben Tragende und Stillende, das dem Bedürftigen und Kleinen Zugeneigte nicht in Gott wohnen? Wo sollten Farben und Fantasie, all das vielfältige kleine Leben, das spontane Gefühl, das Runde und Zärtliche ihre Quelle haben, wenn nicht im Heiligen?
Frauen wollen all das beten.
Im ersten Teil des Buches bilden Texte dieser Art den Schwerpunkt. Ein zweiter Teil spricht betend die tatsächlichen Lebensverhältnisse und Notlagen von Frauen aus, die in unseren allgemeinen Gebetbüchern

verschwiegen werden. Klagend, auch anklagend, fragend, hoffend, bittend und dankend nähern wir uns dem heiligen Du.
Einige Erläuterungen zum äußeren Bild der Gebete sind mir wichtig. Vielleicht irritiert es manche von Ihnen, daß Überschriften und Satzanfänge nur zum Teil den üblichen Regeln der Rechtschreibung entsprechen, ebenso die Zeichensetzung. Das ist beabsichtigt, und es gibt dafür gute Gründe. Jedes Gebet hat seine eigene Geschichte, jedes ist innerhalb eines anderen Zeitabschnittes entstanden. Meine Empfindungen, liebe Leserinnen und Leser, sind wie die Ihren vielfältig. Das hängt von freudigen oder belastenden Erlebnissen, von Begegnungen, von äußeren und inneren Einflüssen ab. Diese Vielfalt darf sich dann sowohl im inneren wie im äußeren Gesicht eines Textes zeigen. Sie soll nicht verwischt werden.
Der Anfang nach einem Schluß (Punkt) kann oft nur ein zögernder, winziger Schritt sein; »ich« fühle mich ganz klein. Das zum Beispiel läßt sich ablesen am kleinen Buchstaben. Eine Hoffnung, eine Freude, ein Schmerz bleiben offen, Neues ist möglich, darf, soll wachsen – der fehlende Punkt zeigt es an. Oder – wie bereits angedeutet – das Ungewohnte im äußeren Bild möchte Sie irritieren, Ihr Verweilen, Ihr Nach-Denken herausfordern, Sie eigene Wege finden lassen.

Oft durfte ich bei Lesungen oder nach einer Predigt erfahren, wie die Sehnsucht darauf wartet, die Vielfalt des Heiligen zu erspüren, wie befreiend und beglückend Gott als Fülle empfunden wird; wie not-wendig es ist, die Sprachlosigkeit in den Mechanismen von Unterdrückung, Mißhandlung, Ängsten und trostlosem Alltag zu überwinden.
Alle sind eingeladen, Frauen und Männer, auf partnerschaftlichem Wege der heiligen Schöpferin Liebe, dem alles umfassenden göttlichen Du zu begegnen.

Osnabrück, 4. Juli 1989

Christa Peikert-Flaspöhler

I.

Schöpferin Liebe

nie nennen wir dich zu Ende

nie schöpfen wir dich aus,
unerschöpfliche Lebensquelle

nie nennen wir dich zu Ende,
aller Namen heiliger Mund

nie grenzen dich unsere Bilder,
ungegrenztes heiliges Sein

durchatme uns mit der Hoffnung
bewege uns werdend in Sehnsucht
ergänze uns, göttliche Liebe

Amen

ob es dich freut?

ob es dich freut
wenn ich dich Herr der Herren nenne
gewaltiger, als menschliche Gewalten?
es gibt so viele Menschen
die verbluten
so viele, die getreten werden
der Herr in uns
besiegt zu oft die Liebe

mir ist der Titel »Herr«
so fremd geworden
so liebesfeindlich und mißbraucht
hat er sich mir ent-deckt

die HERR-lichkeit
erfreut mein Herz nicht mehr.
wenn sie im Staube vor der Liebe
kniet
will ich sie wieder loben
es gibt zu viele Herren, Gott
es gibt zu wenig Freunde

ich bin die Vielfalt

vielleicht sind es die alten Namen,
alten Bilder, die wiederkehren –
verflucht, verbrannt, zerschlagen,
ausgemerzt
und ruhten doch in unsrer Tiefe,
und schliefen in der Sehnsucht,
und steigen auf als frische, süße Quellen

vielleicht willst du nicht länger warten,
Heil der Menschen, sagst mir,
sagst Herrschenden und Suchenden:
weshalb zerschneidet ihr mich, engt mich ein?
weshalb maskiert ihr Mächtigen
mein Gesicht, macht euch,
macht die Gehorsamen und alle,
die meine volle Schönheit schmerzlich
ahnen, ärmer? Teilt Hunger aus statt Brot?

ich bin die Vielfalt,
die ihr nie begreifen könnt
und eure Klugheit, eure Liebe
erschöpfen meine Fülle nicht
in mir erwachen alle Farben, alle Klänge,
die starke Sonne und der sanfte Mond
bewegen sich aus mir,
die Sterne kreisen um mich, die Planeten
in mir sind Frau und Mann vollkommen
Liebe, untrennbar heiles Leben
so blickt mich an und findet euch in mir
versöhnt Getrenntes,
laßt das Heil geschehen

die uralten heiligen Tänze

die uralten heiligen Tänze
schickt dein Herz
in meine Füße, Gott
wir haben sie nicht er-hört
in falsche Ehr-Furcht gebunden
verschlossen für dein rhythmisches Leben
Schöpferin Liebe
gehorchten wir der Entbehrung

die uralten heiligen Tänze
schickt dein Herz
in meine Füße, Gott
ich antworte dir mit allen Gliedern
aus dir geboren
Schöpferin Liebe

meine Arme bauen Brückenbögen
meine Hände öffnen sich
durstige Schalen
deinem Tau
ich drehe mich um
deine heilige Mitte
und bringe mich froh
in dein unendliches Lied

Du läßt mich neue Bilder schauen

du heilige Fantasie
du fruchtbarer Ursprung unseres Lebens
Gott
du läßt mich neue Bilder von dir schauen
die aus der Enge führen
du weißt
daß deine Menschen Bilder brauchen
um nah bei dir zu sein
um deine Nähe zu erspüren

Gott
väterliche-mütterliche Liebe
Gott
Schöpferin und Schöpfer
du heilige Einheit und Weite
du Quelle und Strom
du Freund und Freundin
Geliebte und Geliebter
du heilende Macht und Zärtlichkeit
du Trauer und du Freude

du schenkst mir Träume
und Bilder von dir
damit ich dich liebe und lobe
damit ich dich atme und singe
in Würde und Freiheit
in Hoffnung und Dank

befreie uns

du
der du mich erschaffen hast als Frau
du
falls *du* mich erschaffen hast
befreie mich

am sechsten Abend schautest du mich an
und alles hörte deine Stimme:
sehr gut!
es hörte auch der Mann
der Ebenbürtige
und ebenbürtig lebten wir
als Menschen

dein gutes Werk
Gewalt erleidet es
zu jeder Stunde
zum Herrn entartete der Mann

du
wenn du mich erschaffen hast
befreie mich und ihn

Gott schuf die Menschen
nach ihrem Bilde
als Mann und Frau erschuf sie uns

so wohnt mein Frauenleben unverletzt
in dir
genau so schön und wahr wie
das des Mannes
ich bin nach deinem Bild
du Göttliche, geworden
aus dir, Vollkommene
geboren
dein Lächeln taufte mich
als deine Augen mich erkannten
zeitlos

du träumst in mir, mein Gott

du träumst in mir, mein Gott
was ich noch nicht zu sagen wage
du mutest mir die Liebe zu
aus ganzem Herzen
die eigne Worte schürft
die Namen für dich findet
auf die du lange, lange wartest
die Namen für dich findet
nach denen ich mich sehne

du träumst in mir
mein Gott
daß ich dich wachsen lasse
ohne Furcht
daß ich mit dir
die starren Formeln sprenge
in denen wir gelähmt
dich lähmen

du träumst in mir
mein Gott
daß ich dir meine Augen gebe
und Horizonte sich eröffnen
für die wir blind geworden sind
wo sollten Schönheit, Sanftmut
Zartheit, Lächeln, Anmut
wohnen
wenn nicht
in deinem Leben?

du träumst in mir
mein Gott
was unsre Enge löst und
deine Fülle lobt:
du heilige Schöpferin Liebe
du Flamme und Zunge Geist
du Lebensspenderin
du heilige Macht
du schützender Schoß
du rätselhafter Anfang
du geheimnisvolle Gegenwart
du hoffnungsreiche Freundin
du endloser Atem
du mütterlicher Mut
du väterliche Wohltat
du Alles in Allem

du träumst in mir
mein Gott
dein ungeteiltes Lob
ich höre zu
ich nehme an
gib mir den Mut
dich auszusprechen
ungeteilt

wie ich mich nach dir sehne
Heiliges

urgründig
unverbildet
grenzenlos

Quelle
aus dunkler Tiefe
deine Kühle und Klarheit
bringend

Quelle
im Sonnenfeuer blitzend
siebenfach
mitnehmend und erhaltend

Quelle
im Mondgeheimnis träumend
dem Durst begegnend
erdennah

wie ich mich nach dir sehne
Heiliges

Schöpferin Liebe

Schöpferin Liebe,
wandle mich um,
trag mich und trage mich aus,
laß mich wachsen
in deinem heiligen Schoß,
daß ich geboren werde als Mensch,
der empfindet:
ich bin gewollt
ich bin wert-voll;
daß ich geboren werde als Frau,
die ihre Würde freudig bejaht,
Schöpferin neuen Lebens zu sein

Schöpferin Liebe,
ich weiß, daß du lebst,
daß du viel wunder-voller,
daß du viel schlichter und
viel reicher bist,
als unsre Bilder dich malen

Schöpferin Liebe,
in deinem Gesicht
wohnt nicht der Gott der Schlachten;
keinem Krieger spendest du Segen,
keine der Waffen heißt du gut,
keine Gewalttat ent-schuldest du,
keiner Lüge schenkst du Gehör

du bist voll heiliger Macht,
Schöpferin Liebe,
und voll heiligem Dien-Mut:
du bringst die weiblichen und
die männlichen Kinder zärtlich zur Welt,
du stillst die männlichen und
die weiblichen Kinder;
Frauen und Männern vertraust du
das Leben in jeder Gestalt,
Tag und Nacht sind dir wert,
singende Sonne und schweigsamer Mond,
goldene Hitze und milchiger Tau,
brennendes Brot und sanfte Schale,
alles
vereinst du in dir

II

Schöpferin Liebe
ich suche dich ganz
verblendete Männer übten Gewalt
an dir und mir
an vielen Menschen
blindem Machttum verhaftet
spalteten sie deine Ganzheit
zum Spiegel ihrer Wünsche

Schöpferin Liebe
ich schüttle die Tanzschuhe ab
ich strecke die Zehen und
übe den eigenen Schritt

ich breche die Puppenhülle auf
den grauen und schillernden Panzer
ich reiße den Seidenkokon entzwei
und bewege die Flügel
ich löse die Haftschalen von meinen Augen
gewöhne mir an, zu ent-decken

Schöpferin Liebe
der Weg ist weit
der Weg ist verschüttet
der Weg ist zerschnitten
wie du zerschnitten wurdest

Schöpferin Liebe
ich suche dich ganz
ich grabe in den Jahrtausenden
nach deiner verbannten Mütterlichkeit
nach deinem verleumdeten Schoß
nach deiner singenden Fantasie
nach deinen zärtlichen Träumen

eine, du göttlicher Atem
was deine sterblichen Kinder trennten:
Anmut und Kraft, Herz und Kopf
Geist und Liebe, Schönheit und Mut
Gefühl und Verstand
Tatendrang und Hingabe
Wille und Zärtlichkeit
Tapferkeit und Tränen
Traum und Tun

Schöpferin Liebe
erfülle mich *ganz*

Lebensgeheimnis Gott

Lebensgeheimnis Gott
das unsre Sehnsucht ruhlos umkreist
unsere Hoffnung küßt
unser Fragen bestürmt

du
an dem sich unser Verstand verwundet
unser Wissen abwetzt
unsere Klugheit verliert

Lebensgeheimnis Gott
das unsre Sehnsucht ruhlos umkreist
unsere Hoffnung küßt
suche uns
heim

so hat uns die Liebe
begabt und beseelt

die Quelle in uns darf singen
die Wärme in uns darf strömen
die Träume dürfen blühen
damit die Welt, die erstarrte Welt
zum Leben findet, zum Leben

so hat uns die Liebe begabt und beseelt
die heilige Liebe, die göttliche Kraft
die alles in Atem hält

die Klugheit in uns darf sprechen
die Geistin in uns darf wehen
die Fantasie darf schaffen
damit die Welt, die verarmte Welt
zum Leben findet, zum Leben

so hat uns die Liebe begabt und beseelt
die heilige Liebe, die göttliche Kraft
die alles in Atem hält

die Sehnsucht in uns darf suchen
die Hoffnung in uns will leuchten
die Wünsche dürfen wachsen
damit unsre Welt, die bedrückte Welt
zur Freiheit findet, zur Freiheit

so hat uns die Liebe begabt und beseelt
die heilige Liebe, die göttliche Kraft
die alles in Atem hält

wo ich werde
bist du Gegenwart

irgendwo
auf einem Thron
starr das Zepter packend
finde ich dich nicht

wo ich sein darf
die ich bin
wo mein Name zärtlich klingt
wo sich Augen-Blick ereignet
wo ich Ein-Klang lebe mit der Erde
wo ich werde
bist du Gegenwart

Heilige Ganzheit

Mutter Gott
du trägst uns zärtlich
seit dem Beginn der Welt
in deinem Schoß
Vater Gott
deine Augen ruhen auf uns
voll Liebe
seit dem Beginn der Welt

heilige Ganzheit
nach der wir tasten
mit unseren menschlichen Namen
du schickst uns ins Leben
der wunder-vollen
der gefahr-vollen Erde

du traust uns das Gute zu
für deine Schöpfung

du Himmel, willst alles umarmen
du Quelle
willst alles Hungrige stillen
willst alles Schmerzende heilen
willst alle Schuld von uns waschen

heiliges Du
öffne uns für deine Gegenwart
öffne uns für die Menschengeschwister
öffne uns für alles, was lebt

Amen

du bist es

du bist es, die mich von der Angst befreit,
ich könnte dich an falschen Orten lieben –
ich dürfte dich nicht überall erspüren,
wo Leben sich ereignet

du bist es, der die Grenzen löst,
die Menschenfurcht und Menschenmacht
gezogen haben;
von Eifersucht, Vergeltungsdrang und
Strafgerichten bist du fern – so fern,
wie wir oft von der Liebe leben

was uns im Innersten verwunden wird,
in Schmerzen und in Reue tauchen,
wenn du die volle Sehkraft gibst,
ist,
daß wir dich verdunkelt haben
für viele, die dich suchten;
daß wir ihr Hoffen, Glauben, Lieben
töteten
in Überheblichkeit und angemaßtem Recht,
weil sie mit andern Namen zu dir riefen,
dich anders lobten und verehrten,
als wir es, eingespannt in Formeln,
ängstlich wie unbedenklich tun

daß wir sie hungern, leiden, sterben lassen,
als sei die Erde unser Eigentum und nicht
dein Liebes- und dein Lebensort für alle;
du Mutter und du Vater unsrer Welt

Dein grüner Hauch

du wärest nicht im Blütenlicht zu finden?
wo Leben aufbricht ein-fach,
hundert-, tausendfach mir tröstlich zusagt:
ich bin neu

ich könnte dir im grünen Herz des Waldes
nicht begegnen?
die Vogelkehle wüßte nichts von dir?
dein Atem speiste nicht den Fuchs,
die Maus, den Käfer?
der Baum, im Tiefen wurzelnd,
geduldig wachsend, sich verzweigend
so vielem Leben Leben schenkend
unverdient, wär' nicht durchweht von dir?

wenn mich kein Menschenwort befreien kann
aus Traurigkeiten, die ich nicht verstehe,
wenn ich von dir nichts spüre
in und außer mir,
wenn dein von uns gebautes Haus
mich tiefer ins Verstummen stößt,
als andre Räume,
und mein gelähmtes Herz, mein blinder Fuß
sich locken lassen unter freien Himmel
ins Ungeplante, nicht Hervorgebrachte
von Menschenhänden:
berührt mich mütterlich dein grüner Hauch
die Fesseln dorren;
weht mich der Duft des Herzens an,
das alles wachsen läßt und alles wandelt;
ich lebe!

Zu Genesis 3,16 – Fluch für Eva?

Göttliches Du, Heilige Weisheit,
danke, daß du uns freudig geboren
hast.
Danke, daß du mich liebst als Frau.
Danke, daß du mir vererbt hast,
Kinder im Schoß zu tragen,
ihnen Atem und Nahrung zu geben
aus mir durch die Nabelschnur.
Danke, daß du mir die Kraft schenkst,
sie unter Schmerzen und Ängsten
ins eigene Leben zu pressen.

Dein Vertrauen, deine göttliche Gabe,
Schöpferin Liebe,
schmälert kein späterer Fluch.
Deine Mütterlichkeit rächt sich nicht
an den Müttern, weil wir als Menschen
schuldig werden.
Und du Heilige fürchtest dich nicht,
wenn wir uns sehnen und danach
suchen, heilig zu werden wie du.

Gott, Quelle und heiliger Atem,
löse jeden tödlichen Machtwahn auf,
der uns Frauen bis heute bedrückt.
Frauen und Männer sind deine geliebten
Menschen.

Neues Leben nimmt immer
dem älteren Kraft.
Neues Leben reißt immer Wunden,
wenn es sich löst.
Neues Leben erweckt und beschenkt.

Du traust uns Frauen
die Schmerzen des Lebens zu,
danke, heilige Schöpferin Liebe;
schreibe den Männern
Staunen und Dankbarkeit ins Herz!

Heilige Weisheit

Heilige Weisheit, sei uns willkommen
Heilige Weisheit, ergreife uns alle
Heilige Weisheit, erleuchte die Wege
Heilige Weisheit, befreie und eine

Leben spendend das Runde

in deinem Wesen, heiliges Du,
fühle und sehe ich
Leben spendend das Runde:

rund in sich ruhend und wirkend
hast du aus dir geboren
Planeten und Sonnen,
die unzählbaren Himmelskörper im All;
selber Licht und das Licht empfangend,
streben sie nicht auf geradem Pfeil
in die Unendlichkeit ohne Umkehr:
faszinierend kreisen sie
in den Weiten des Raumes,
deiner Dynamik,
deinem unendlichen Schwingen treu;
winzig bewegt sich im All,
uns Menschen einmalig wunder-voll,
unsere runde Heimat *Erde* –
fühlen und lieben wir das Verwandte?

rund formtest du unsre Augen
und Fingerkuppen,
unsere Lippen und Zungen,
unsere Schultern und Hüften;
danke, daß du uns Frauen am reichsten
beschenkst, dem Leben zuliebe

Kinder der Menschen und Tiere wachsen
heran im mütterlich Runden,
das sich gewährend dehnt;
Vogel- und Schlangenjunge schlüpfen
aus rundlichen Eiern;
jeden Baum trägt die runde Mitte des
Stammes,
um die Samen rundet sich köstlich,
weich oder fest, das Fleisch der Früchte;
alles Wachsende kündet Fülle,
keines verkörpert die stechende Spitze,
die fruchtlose Gerade;
Schönheit und Duft
wandelt die Rose in neues Leben,
und der Dorn ist ihr Diener

in deinem Wesen,
heiliges Du,
sehe ich Leben spendend
das Runde

staunend, dankend schauen

ich rüttle an den Gitterstäben,
die zwischen dir und meiner Sehnsucht
festgeschrieben sind.

den groben Putz will ich
von deiner Schönheit kratzen,
behutsam und mit ganzer Kraft,
wenn auch die Fingerkuppen bluten –

dann schaust du mich lebendig an,
und ich darf staunend, dankend
schauen

damit du Antwort gibst zum Leben

ich wünsche mir, du mögest fühlsam
sein;
durchatmet und durchpulst von allem,
was unser Herz bewegt
nicht irgendwo –
nicht irgendwie –
hoch über uns,
die Fäden in den Händen,
an denen uns ein Schicksal
durcheinanderwirbelt:
wir tanzen,
taumeln,
stürzen,
versuchen aufzustehn
und fallen wieder

ich hoffe,
unsre Tränen brennen dich,
die Wunden der Gewalt verletzen dich,
die Leere fällt dich an,
die Ohnmacht läßt dir keine Ruhe,
damit du Antwort gibst
zum Leben

Gebet in einer Kapelle

ruhender Raum,
in dem ich zur Ruhe kommend
dich ahnen kann

göttlicher Raum,
du öffnest dich meinem Suchen,
du schenkst mir den Atem
deiner Weite und Freiheit

und wenn ich Zuflucht brauche,
hüllst du mich,
schützende heilige Höhle

öffne mich, daß ich werde

nimm meine Mauern
nimm meine Gitter
nimm meine Riegel
sei Tag für Tag mein Spiegel
gute Schöpferin Gott
öffne mich zu mir selbst, daß ich werde
Erde und Blume, Wasser und Becher
Wärme und Heimat
öffne mich, daß ich werde

nimm meine Ohnmacht
nimm meine Stummheit
nimm meine Riegel
sei Tag für Tag mein Spiegel
gute Schöpferin Gott
öffne mich zu mir selbst, daß ich traue
schaue und spreche, denke und handle
frage und wage
öffne mich, daß ich traue

nimm meine Sehnsucht
nimm meine Hoffnung
nimm meine Riegel
sei Tag für Tag mein Spiegel
gute Schöpferin Gott
öffne mich zu mir selbst, daß ich singe
bringe und trage, nehme und schenke
danke und lache
öffne mich, daß ich singe

Geist Gottes, entfessele Gottes Gesicht!

Heiliger Geist, Schöpferin Liebe,
Frauen und Männer rufen zu dir:
entfessele Gottes Gesicht!
Glühe die übergestülpte männliche Maske
aus Menschenhand zu Asche!
Brause den herrschenden Kirchenmännern
pausenlos deine Musik in die Ohren!
Reinige sie vom heillosen Anspruch,
allein die Wahrheit zu besitzen!
Lege auf ihre Zunge Jesu Worte
des Lebens.
Schenke ihnen Gehör für dein Wort
aus dem Munde der Machtlosen und
der Armen!
Löse sie aus den Krusten tausendjähriger
Machtbefugnis,
tausendjähriger Einseitigkeit!
Nimm von ihnen die wachsende Angst,
daß *du* alles neu bewegen könntest,
anders, als sie es wünschen!
Gib ihnen das Vertrauen
in deine verwandelnde Kraft, das sie
uns Frauen und Männer lehren!
Wehe ihnen und uns deine Liebe ins Herz!

Amen

L asset uns beten,

A rbeiterinnen und Arbeiter
(ohne amtliches Würdezeichen)

I n den Weinbergen Gottes,

E he Lobpreis, Frage, Klage, Bitte und Dank

N achweisen müssen kirchliche Sprecherlaubnis

II.

Anders, als es die Gewöhnung kennt

ich hoffe, du kennst mich

heut entfallen mir
alle Namen und Bilder von dir;
ich hoffe, du bist,
auch, wenn ich Leere empfinde;
ich hoffe, du kennst mich,
auch, wenn ich Fremde spüre;
ich hoffe, du fühlst mit mir,
auch, wenn ich umschlossen bin
von Verlassenheit

Frauen für Frauen

Gott,
Schönheit und Liebe,
Weisheit und Kraft,
Quelle und Strom,
Vater und Mutter,
Freundin und Freund,
wir spüren oft, daß es schwer ist,
uns zu verstehen und anzunehmen.
Die Lebensgeschichten sind verschieden.
Die Ängste und Hoffnungen
sind verschieden.
Die Wünsche und Träume sind verschieden.
Die Kräfte und Gaben sind verschieden.

Befreie uns von der Blindheit,
die nur einen Weg für alle sieht.
Befreie uns vom Neid,
der die Schwesterlichkeit verhindert
und das eigene Herz verdunkelt.
Befreie jede von der Angst,
sich selber anzublicken;
um zu erkennen, was da ist,
um zu erkennen, was fehlt.

Gott, Schöpferin Liebe,
erschaffe jeder den Mut,
in die eigene Tiefe zu gehen.
Erschaffe jeder den Mut,
zu erkunden, was sie braucht,
um lebendig zu sein;
was sie braucht,
um heile Person zu werden,
was sie braucht,
um ganz zu sein.

Wer frei ist,
kann in die Freiheit entlassen.
Wer ganz wird,
braucht nicht ängstlich zu mauern.
Wer heil wird,
kann Wunden sehn und verbinden.
Wer weiß, was er braucht,
und es fordert,
versteht die Bedürftigkeit.
Wer »ich« sagen lernt mit dir,
begreift die Würde und Freiheit im Du

Amen

Würde als Frau

Es hat sich so ergeben, Gott,
ich lebe einzeln.
Es muß dein Zu-Fall sein,
mir in die Hand gegeben.
Mich schmückt kein Ehering.
Kein Mann verleiht mir als Begleiter
Würde, und Kinder sitzen nicht
auf meinem Schoß.

Danke, für meinen Beruf.
Oft bin ich erschöpft und oft zufrieden.
Ich sehe und suche im Arbeiten Sinn
und in der Freundschaft mit Menschen
und dir.

Göttliches Du,
immer noch warte ich auf dein gutes Wort
aus dem Munde der Kirche,
daß meine Würde als Frau,
die allein verantwortlich lebt,
ruht in meiner Person;
daß sich der Sinn erfüllt, unabhängig
von Ehe, Mutterschaft oder Ordensleben.

Schöpferin Liebe,
befreie die kirchlichen Männer vom Irrtum,
ihnen allein offenbare sich,
wie und wann wir Frauen dem Leben
dienen,
wie und wann unser Wesen
sich treu und beglückend findet; Amen.

Um Weite des Herzens

Weil ich gefesselt verharre,
göttliches Du, und an mein Dulden
die Unterdrücker gewöhne,
weil ich mich aussaugen lasse,
kann sich nichts ändern.
Enge und Atemnot schnüren
die Herzen ein.
Und ich drehe erstickend mit
am tödlichen Strick; binde fest,
wo schmerzhafte Wahrheit aufreißen
müßte zur Heilung.

Schönes, heiliges Licht,
löse den Schutzfilm von meinen
furchtsamen Augen.
Decke das Flechtwerk alter und neuer
Gewalt, alter und neuer Abhängigkeit,
alter und neuer maskierter Fürsorg-
lichkeit, die sich rächt für Verluste
und Wunden, auf.
In den Wehen der Wahrheit
löse die Herzensenge bei mir und
dem Mann, Schöpferin Liebe,

Amen.

Wann darf ich ein Mensch sein mit eigenem Wert?

Wann darf ich ein Mensch sein
nach deinem Bilde,
Schöpferin Liebe?
Wann werde ich nicht mehr belächelt,
als wirklichkeitsfern verspottet,
als egoistisch verschrien?
Wann werden wir Frauen nicht mehr miß-
braucht als Dienstmütter der Gesellschaft?
Wir sind nicht erwerbstätig als Familien-
frauen, stellen nichts her,
was verkauft werden kann.
Wir bringen nur die Kinder zur Welt,
lieben sie und ziehen sie groß.
Die werden dann von allen gebraucht oder
auch verbraucht.
Dafür lohnt sich unbezahlte Dauertätigkeit
im Haus.
Dafür lohnt sich Dauerverzicht auf Urlaub,
schöne Dinge und
die eigene Altersversorgung.
Die besonders Frommen erschaffen daraus
die Würde und Bestimmung der Frauen
nach deinem Willen,
Schöpferin Liebe, guter Gott,
Quelle der Freude, Heil für alle!

Wann darf ich ein Mensch sein
mit eigenem Wert?

Sieh meine zerkratzte Brust

Das kann ich dir nie verzeihen, Gott!
Ich war so gern eine Frau.
Aber jetzt gibt es nur noch Angst und
Ekel. Er hat mich zerstört.
Vergewaltigt, Gott.
Er hat deine Unschuld getötet.
Du kannst nicht mein Vater-unser sein.
Warum hast du mich und ihn *so*
erschaffen?
Deine Kirchenmänner sagen, die
Freiheit der Menschen sei schuld.
Sie sagen, alles hat einen Sinn.
Ist das die Wahrheit?
Es kann also immer wieder geschehen.
Ist das deine Liebe?
Warum kann mein Schoß der Gewalt
nicht verschlossen sein?
Warum nimmst du solchen Männern nicht
die Potenz?
Bedeutet meine Freiheit als Frau
dir nichts?

So kannst du nicht sein.
Du kannst nicht Sinn im Zertreten
der Frauen finden.
Du mußt dich selber zertreten,
du mußt dich vergewaltigt fühlen,
wenn ich aus dir bin.

Dein Manngesicht stimmt nicht.
Die Machtgierigen haben es dir verpaßt.
Sie benutzten dich wie eine Sache,
und mich benutzte der Mann ebenso.

Sieh meine zerkratzte Brust!
Sieh meinen blutenden Schoß!
Sieh meine zuckende Seele,
heilige Liebe,
und mache mich heil

Nach einer Abtreibung

Nur dir kann ich's sagen,
vertrauend auf Trost.
Kein Mensch ermißt meine Not.
Ich bin keine Mörderin, göttliches Du!
Keinem Menschen hab' ich das Leben
genommen als Machthaberin,
aus Geldgier und Habsucht.
Es gab weder Haß noch Rachelust.
Es gab kein Herrschaftsgefühl.
Als ich schwanger wurde, heiliger Schoß,
überfiel mich entsetzliche Angst
und auch den Mann, den ich liebe.
Aus Angst ließ er mich allein.
Blind und taub hat mich die Furcht
gemacht vor dem Leben, das in mir wuchs.
Ich sah keinen Weg, keinen Anhaltspunkt.
Mein Herz war gelähmt.
Ein Kind, wie sollte es leben mit mir?
In Angst und Not? Ohne Vater?
Es gab nur noch Dunkel.

Die mit mir sprachen, begriffen nichts.
Ich hatte nicht gelernt, mir zu trauen.
Ich wußte nicht, daß ich wertvoll bin
als Frau;
daß meine Würde ganz ist ohne Mann;
und ich durfte es nirgends erfahren.
Nach *meiner* Geburt fragte niemand.

Das Kind ist tot.
Abgetrieben.
Aber wenn du die Quelle des Lebens bist
und die grenzenlose Liebe,
darf es leben bei dir.
Ohne Angst und Not.
Das habe ich noch im Dunkel gehofft.
Wenn du alle aus dem Tode holst,
wiegst du es in deinen Armen,
nimmst es auf deinen Schoß.
Darum bitte ich dich.

Erbarme dich der ganzen Welt;
denn die Angst ist stärker als Liebe;
das Verständnis ist schwächer
als Vorurteile.
Erbarme dich aller Starken;
denn sie setzen auf Strafe, nicht
auf Heilung;
sie klagen an, statt zu helfen.
Erbarme dich, Schöpferin Liebe,
ich bin eine Wunde,
mache mich heil.

Am letzten Ferientag im Sommer

Morgen ist Schulanfang, Gott.
Morgen werden die Kinder erzählen,
wo sie gewesen sind:
Spanien, Italien, Teneriffa, Frankreich,
Tirol, Texel, Borkum, Ostsee, Schwarz-
wald, Bayern.
Unsere Kinder, Gott, werden still sein.
Wir konnten wieder nicht verreisen.
Eine Lohntüte reicht nicht.
Auch, daß ich putzen gehe, ist nicht genug.
Vor dir, so hören wir in den Gottesdiensten,
sind alle gleich.

Erst,
wenn wir tot sind?

Die unheile Art und Weise

Ich habe wieder nur geschluckt.
Fast zum Ersticken. Die Kehle wurde eng,
der Schmerz zerschnitt den Kopf.
Nicht weinen, immer glücklich sein
und voller Dankbarkeit.
»Du hast es so gewollt. Du wußtest,
wie es sein wird. Du kannst nicht
alles haben: Beruf, Erfolg und
Kinder in den Armen.«
Die mir das sagen, Gott, sind Männer.
Beruf, Karriere, Vaterschaft,
ihr sicheres Besitzrecht, unantastbar.
Die mir das sagen, Vater Gott,
sind Männer, die sich im Amt auf dich
berufen; sie teilen nicht das Leben
einer Frau und wissen ganz genau,
wie jede Frau zu leben hat.
Die mir das sagen, Mutter Gott,
sind Frauen, die mein Gefühl, mein Wollen,
mein Lebenslied, mein Lieben nicht
verstehen. Sie messen mich mit ihrem Maß
und legen fest. Sie kennen das Rezept,
wie meine Kinder glücklich werden.
Ich muß sie an mich binden, wenn sie schon
eigne Schritte gehen können.
Ich muß verfügbar sein zu jeder Stunde.
Kein andrer Mensch kann ihnen guttun,
sie begleiten.

Willst du mich so?

Weshalb soll ich mich nicht lieben?

Du, heilige Kraft,
ich halte es nicht mehr aus.
Selbstverständlich zu geben,
jeden Tag zu geben.
Ohne Frage zu lieben,
die Kinder, den Mann.
Ich halte es nicht mehr aus,
die »ideale« Frau und Mutter zu sein,
nichts für mich selbst zu wollen.
Weshalb soll ich mich nicht lieben?
Nichts wünschen, nichts träumen,
unabhängig vom Familienleben?
Auf ein Rad gespannt sein, Tag für Tag?
In den festen Ablauf und funktionieren?
Wie eine Tote leben,
damit es nicht ständig schmerzt?
Damit ich nicht zu schreien beginne,
damit keiner weiß, was mir fehlt?
Weshalb blicken mich mein Mann,
meine Kinder nicht anders an
als eine Schüssel mit Essen?

Gott, Quelle des Lebens,
die immer voller Bewegung ist,
hilf mir, daß ich mich bewege!
Daß ich die stumme Gewöhnung durch-
breche;
meinem Hunger Namen gebe;
um den Preis des Schmerzes das taube Ich
empfindsam werden lasse!

Wenn du ja zu mir sagst,
wenn ich ja zu mir sage,
darf ich nicht gefesselt verharren.
Mir und den andern eröffnen sich Wege,
wenn ich der Lähmung entsage.
Ich und die andern können sich selber
ent-decken,
was wartet und wirbt
zu werden

Danke

Mit Freude hab' ich das Essen
gewürzt,
meine Liebe in den Kuchen gerührt,
und die andern schmeckten es.
Danke
Beim Wäschefalten roch ich den Duft
des Windes,
sah die runden Körper der Kinder
in frischen Hemden und meinen Mann
neben mir auf dem Laken.
Danke
Die Fliesen im Badezimmer gewannen
Farbkraft durch meine Hände zurück,
der Spiegel lächelte mir zu:
»Erhitzt bist du genauso schön
wie morgens nach dem Duschen.
Dein Haar glänzt frisch gewaschen.«
Danke

Als ich im Garten Blumen schnitt
für unsern Tisch, da spürte ich,
wie schön es ist, zu blühen,
für andere und sich
und auch, wie das Lebendige
verletzlich ist und wie es sich
verwandelt,
Danke

Erwecke mir Mut

Muß ich mich verbrauchen lassen,
weil ich weiblich bin?
Muß ich büßen, weil mich mein Beruf
außer Haus beglückt?
Weil ich meine Fähigkeiten,
mein erworbnes Können unter Menschen
bringe, weil ich öffentlich das Leben
mitgestalten will?

Jesus, du sprichst von Talenten,
dem göttlichen Erbe für unser Tun
in der Welt.
Nach männlichem Denken bin ich bestimmt
zum Dreckentfernen in jeder Hinsicht,
zum Essenkochen, zum Lastenschleppen,
und zum Erfüllen männlicher Wünsche.
Mein Mann betrachtet sich als Herr.
Die häusliche Arbeit geht *ihn* nichts
an. Ihm steht nach dem Streß im Betrieb
selbstverständlich Bedienung zu und
Erholung. Ist er gut gelaunt, trägt er
das benutzte Geschirr in die Küche.
»Du willst es ja so«, sagt er selbst-
bewußt, »du könntest es viel bequemer
haben. Ich verdiene schließlich genug.«

So will ich es nicht, Gott!
Ich will Partnerin sein. Ich will,
daß wir uns die Arbeit und die Erholung
teilen.
Erwecke mir Mut, Gott,
zur Auseinandersetzung.
Laß mich die Formen des Widerstands
finden, die seinen Hochmut erlösen.
Zeig Frauen und Männern
dein ganzes Gesicht!

Nach einer Krebsoperation

Ich bin aus dem Krankenhaus
wiedergekommen
mit einer Brust. Verstümmelt,
heiliges Du.
Warum, will ich nicht mehr fragen.
Aber weinen muß ich oft.
Mein Schmerz braucht die Tränen.
Zuerst habe ich es heimlich versucht.
Ich bin jetzt dankbar:
mein Mann weint mit mir.
Mein Mann küßt meine brennenden Lider
und meinen Mund.
Seine Hände sind zärtlich geblieben.
So spüre ich, daß die Liebe lebt.
Ich danke dir, göttliches Heil.
Wir dürfen österlich werden

Unruhe

Gott,
meine Unruhe macht mich krank.
Sie zerfrißt die Stunden
und höhlt mich aus.
Sie zerreißt den schönen Fluß des Tages.
Sie beherrscht meine Arbeit und meine
Muße.
Sie zersplittert mein Freuen
und mein Lieben.
Sie stößt mich in Ängste
und macht mich ungerecht.
Sie gefährdet Freude und Frieden
der Menschen, die um mich sind.

Gott,
ich bin machtlos.
Mein Wollen und Wissen
helfen mir nicht.

Schöpferin Liebe,
hilf du mir!

Kein Glied an der Kette, die drosselt

Gebet einer Tochter

Du weißt, Gott,
es ist mir nach Jahren gelungen.
Ich arbeite verantwortlich in meiner Firma
mit Freude, Fantasie und ganzer Kraft.
Ich fühle mich bestätigt, ebenbürtig
als Frau am Arbeitsplatz.
Beim Feierabend, unerfülltes Wort,
gewinnt der Tag ein feindliches Gesicht.
Ich fühle mich entsetzlich oft verlassen
in der von Menschenhirn geschaffnen
Leistungswelt, die weiterherrscht.
Am Abend gibt es nichts zu feiern.
Das Brot ist programmiert,
der Wein gezuckert oder ausgegangen.

Ich lebe ohne Mann, doch nicht allein.
Die Spitzenkraft – kein guter Name –
Gott, wird kleingemacht.
Zu Hause sperrt meine Mutter mich ein
in ihre Aufopferung, die deine Priester,
unbeschwert davon, wie sie uns Frauen
foltert, predigten und predigen
als göttliche Wahrheit,
als weibliche Würde.
Jetzt muß ich das abgestorbene Leben
bezahlen.

Weil meiner Mutter das Ich-Sagen angedroht wurde als Sünde, kann sie es mir nicht erlauben. Ans Wünschen der anderen erbarmungslos gebunden, ist sie nicht frei, mich loszulassen.

Was soll ich tun?
Das Mütterliche, Mutter Gott,
Geburt zum Leben, ist verkehrt.
Muß ich mich auch verkrüppeln lassen?
Ich darf, ich will
kein Glied an dieser Kette sein,
die drosselt, was du Heil
befreien willst.
Hilf mir,
die Schmerzen des Gebärens auszuhalten
für meine Mutter und für mich;
gib uns die Stimme,
Wehen in die Welt zu schreien,
das Töten zu erschüttern
nah und fern
und Raum zu runden
dem Geboren-Werden

an der Schwelle des Alters

an der Schwelle des Alters
schenke mir Mut, mein Gott

du heilige Weisheit,
hilf mir zu wissen,
hilf mir dankend zu sagen jeden Tag neu:
mein Leben ist sinnvoll,
mein Leben ist schön,
auch wenn schon die Berge zu hoch
für mich werden,
die Täler zu tief,
die Wege zu lang,
die Nächte dunkler.

Hilf mir, das Gute in meinem Leben
ans Licht zu heben in traurigen Stunden.

Schöpferin Liebe, bewohne mein Herz!
Einsamkeit ist der Name für Fernsein
von dir.
Schöpferin Liebe,
du arbeitest weiter an mir,
anders als früher
willst du mich *werden* lassen.
Schöpferin Liebe,
mein Gott und mein Heil,
schenke mir diese Gewißheit zurück,
wenn ich sie verliere,
laß sie wachsen in mir und blühen,
während die anderen Kräfte Abschied
nehmen.

II
Jesus, du bist nicht alt geworden,
aber das Los-lassen hast du geübt
und vollendet.
Weshalb wird mir das Los-lassen oft
so schwer? Gib mir den Mut,
es zu begreifen als Freiheit, nicht als Verlust.
Wachen Herzens und Geistes will ich es
üben, daß es Teil von mir werde,
daß ich freudig das Glück der Jüngeren sehe,
ihre Wünsche, Träume und Schmerzen
verstehe; daß ich nicht fordere,
was nur geschenkt werden kann,
daß mein Alter nicht jüngeres Leben
verstümmle.

Loslassen, heilige Liebe, heißt offen sein –
offen für dich, für Menschen und Dinge.
Hüte mich, Einsamkeit zu erschaffen
und dann zu klagen, anzuklagen;
schenke Hellsicht meinem Herzen,
gib mir Worte des Trostes ein,
wenn jemand sie braucht.

Gott, meine Hoffnung, so nah und so fern,
suche mich gütig heim in dein Heil.
Wenn ich die letzte Geburt heranreifen
lasse, darf mein leiser werdendes Leben
trotz Ängsten und Schwäche
vielleicht manchmal sagen:
Fürchtet euch nicht!

Mißhandelt

Oh Gott,
wohin läßt du uns fallen, ihn und mich.
Oh Gott,
dein männliches Gesicht, von vielen
Männern festgehalten,
ermutigt Männer zur Gewalt,
ver-Herr-licht Qual und die verneinte
Würde ungezählter Frauen.
Oh Gott,
ich flüchte mich in deine mütterlichen
Arme,
ich bitte dich um Schutz und Hilfe,
dich Schöpferin Liebe, heiliges Du.

Oh, diese todesnahen Schläge, Jahr um Jahr,
die unsichtbaren,
das Sterben aller Freude, des Vertrauens;
die Male der Gewalt auf meiner Haut,
anstelle der ersehnten Zärtlichkeit.
Blutunterlaufen meine Hoffnung,
Heil zu spüren, für mich und ihn.
Ich weiß nicht ein, noch aus.
Du darfst uns nicht dem Elend überlassen.
Gib mir die Kraft zur Trennung, daß er
nicht weiter mich und sich zerschlägt;
daß nicht die Kinder weiter ihren Vater
fürchten müssen und ihn hassen,
daß Liebe in den Kindern leben und
wachsen kann.

Vielleicht, ich bitte dich darum,
erlöst ihn Trennung von der Sucht, sich
zu beweisen;
vielleicht begreift er sich als Mensch,
der Hilfe braucht.
Ich kann und will nicht länger Opfer sein,
bis daß der Tod uns scheidet.
Ich kann und will die Kinder nicht
zerstören lassen.
Zeig mir den Weg!

Begabe mich, Gott

Ich lebe nur noch in Scherben,
mein Gott.
Jeder Schritt eine Wunde,
jedes Ding verletzt
mir Augen und Hände und oft
sind Stimmen und Blicke
noch schärfere Messer.
Wenn meine Kinder und ich
am verlass'nen Tisch
die Mahlzeiten teilen,
ersticke ich fast an Zerschlagnem
und muß versuchen, fröhlich zu sein.
Der Schlaf und die Träume
verödeter Nächte
zersplittern erbarmungslos.
Es gibt keine heile Stelle in mir,
mein Gott.
Wie soll ich leben?
Ich fürchte mich,
ich fürchte mich sehr;
denn ich spüre,
wie mich der Haß umkreist.
Laß nicht zu, daß er mich erobert
und die Stelle zertretener Liebe
besetzt.

Begabe mich, du mein Heil,
begabe mich mit Liebe;
denn ich muß doppelt geben
und habe nichts.

Und ich hoffe auf Wandlung

Das Leben wird mir noch einmal geschenkt.
Ich war verdorrt.
Ich war ein fühlloses Narbengewebe.
Ausgehöhlt von Verlust und Trauer,
hakte ich die sinnlosen Tage ab.
Jetzt haben mich Augen auferweckt.
Mein Name wird wieder lebendig.
Meine Lippen runden und röten sich.
Mein Herz wagt »Du« zu sagen,
Du und ich.
Aber ich darf es nur heimlich, Jesus.
Deine heilige Kirche duldet es nicht.
Sie lehrt mich ständig das Sünden-
bekenntnis. Sie lehrt mich,
unablässig zu bitten um Erbarmen.
Aber Schuld wird nur scheinbar vergeben.
Scheitern wird lebenslänglich bestraft.
Jesus,
ich will deiner Guten Nachricht trauen.
Dein Leben mit Frauen und Männern,
mit Kranken und Hoffnungslosen,
mit denen ganz unten in Schuld und Leere
paßt nicht in das glorreiche Haus, es hat
nichts zu tun mit selbsternannten Besitzern
alleinseligmachender Kirchlichkeit.
Aber mich umarmt dein Leben, Jesus,
mich befreit es.

Und ich hoffe auf Wandlung
in Brot und Wein deiner Liebe

Zu spät gestehe ich mir ein, daß ich mich fangen ließ

Jesus, ich bin gefangen, ausweglos.
Zu spät gestehe ich mir ein, daß ich mich fangen ließ: Ichsucht gab sich als Liebe aus. Selbstmitleid klagte Liebe bei mir ein, Verständnis. Er wollte mich besitzen, festes Wohnrecht haben und nannte Hochmut, was mich zögern ließ. Die leise Stimme in mir hab' ich nicht erhört.
Er drängte mich, und ich gab nach: Wir werden uns zusammenfinden, glaubte ich, einander Heimat schenken, Liebe. ER wollte mich besitzen. Das eheliche Recht gewann er sich, und ich erhielt die eheliche Pflicht. Und beides wurde ausgeübt, unwiderruflich. Kein Platz für Zärtlichkeit, Verstehen, Liebe.
Mein Trost, mein Lebenssinn: die Kinder. Als ich mit ihnen schwanger ging, trug ich die Hoffnung, das junge Leben werde ihn empfindsam machen, öffnen; die Vaterschaft befreie ihn zum Lieben.
Mein Mann war stets mein HERR.
Ich hatte keine Bitte frei und keinen Wunsch. Ob Schwangerschaft, Erschöpfung, Widerwille – verzweifelte Versuche, mich zu achten – ER siegte.

Er hat mich vergewaltigt, tausend Male.

Ich kostete ihn weniger als eine Hure,
und ihm gehörten Tag und Nacht. Für mich
sprach keiner, keiner mahnte Liebe an.
Auch in den Kirchen herrscht das Männer-
recht.
Vom Segen einer Ehe, Jesus, weiß ich
nichts. Im Treuespruch bin ich gefesselt.
Ich habe nichts »verdient« in den Jahrzehn-
ten Arbeit für Ehemann und Kinder, kein
eigner Rentenanspruch sicherte mein Leben,
wenn ich mich scheiden ließe, um endlich,
mit 60 Jahren, Würde zu erlangen.
Und er stellt sich nicht einmal vor, ich
könnte gehen; denkt nicht daran, er müßte
teilen; denn ER hat ja das Geld ins Haus
gebracht. IHM steht die Rente zu und
meine Arbeitskraft.
Ich habe meine Söhne anderes gelehrt und
hoffe, Jesus, sie leben Partnerschaft.

Hilf uns, Geist Gottes, heiles Du,
der Stimme in uns, die du bist, zu trauen;
der Würde und der Freiheit Raum zu
schaffen in unserm Frauenleben, im
Leben aller, die noch hungern;
im Leben derer, die den Hunger schaffen,
im Leben derer, die ihn dulden,

Amen

Unser Jawort mit Leben zu füllen

Ein Wegstück ist gelungen,
Schöpferin Liebe, Schritt um Schritt;
ohne Anstrengung nicht, und wir lernen
weiter, uns einander zu achten, zu lieben.
Ganz tief. Im mühsamen Alltag.
Danke, für jeden geglückten Tag.
Ja, lernen. Zu *tun,* was wir vorher
besprochen haben.
Unser Jawort mit Leben zu füllen.
Einander wissen zu lassen:
Das brauche ich jetzt: deine Hilfe, deine
Zärtlichkeit, meine Ruhe, die Lust.
So tust du mir gut.

Gib mir weiter Kraft und Empfindsamkeit,
heilige Weisheit, göttliches Du:
nicht abzulassen, das Leben zu teilen,
der Müdigkeit zu begegnen: »Ich sage
lieber nichts. Er ist es nicht gewöhnt,
das Bad zu putzen. Es ist so anstrengend,
Hilfen zu geben, ihn dabei nicht vor den
Kopf zu stoßen. Er nimmt zu viel Spülmittel,
jedes Mal. Und die Töpfe haben innen
noch Ränder.
Was werden die Nachbarn denken, wenn er
Wäsche aufhängt? Eigentlich ist er an der
Reihe, unser Baby zu wickeln. Er sieht sich
gerade den spannenden Fernsehfilm an.«

Ich freue mich so, mein Gott, daß er ein zärtlicher Vater ist, ein liebevoller Mann; daß unser Kind uns beide erlebt, daß ich wieder einsteigen kann in meinen erlernten Beruf, und keines von uns zu kurz kommen muß.

Hilf mir, du heilige Fülle, daß ich großherzig bin, Geduld und Anspruch sollen sich lieben.
Raum wollen wir einander geben
und
miteinander zu Hause sein.

Für die Herrschenden in der Kirche

Der Sinn deiner Worte, Jesus, zerfiel
unterm Mikroskop der Gehirne.
Als Mensch unter Menschen bist du
abhanden gekommen. Die alten Gesetze,
von deiner Liebe befragt und erneuert in ihr,
brachten nach deinem Tod große Kinder
zur Welt,
Verstandesgeburten.
Der Mutterleib hatte sie nicht genährt,
ihr Leben setzten die Schöpfer nicht ein
und nicht ihr eigenes Blut, wie du, Jesus,
und die Mütter.

Diese heillosen Kinder der HERR-schaft,
Jahrtausende oder Jahrhunderte alt,
verletzen Frauen und Männer,
verletzen die Mächtigen und die Schwachen,
regieren unverletzt.

Gott, heilige Liebe,
küsse die Augen der mächtigen Kirchen-
männer, daß sie demütig sehen, wie Jesus
uns Müden, wie Jesus uns Wunden
die Füße wäscht.

Gott, heilige Liebe,
berühre die Ohren der mächtigen Kirchen-
männer, daß sie hören, wie Jesus uns tröstet
und ohne Leistung die Sünden vergibt.

Gott, heilige Liebe,
salbe die Zungen der mächtigen Kirchen-
männer, daß sie reumütig schmecken
Galle und Essig
ihrer selbstgerechten Gesetze.

Gott, heiliges Du,
befreie die mächtigen Kirchenmänner
zur Gewaltlosigkeit deiner Liebe,
die sie uns täglich als Gnade verkünden,

Amen

Leichtlohn

Eine große Schar, Gott, auf der ganzen
Welt, die niemand zählt. Tag für Tag, Nacht
für Nacht, in Kitteln und Arbeitshosen;
in den Händen Schrubber und Besen,
Staubsauger und Toilettenbürsten;
unsre Psalmen sind noch nicht geschrieben.
Tag für Tag, Nacht für Nacht auf der
niedrigsten Stufe,
mit Dreck und Abfällen
aller Art, mit verpesteter Luft
und dem Verbrauchten allein.
Die leuchtende Mitte sehen wir nicht am
abgefallnen, schlechtbezahlten Arbeitsplatz
für Frauen. *Putzfrauen* –

Ich durfte keinen Beruf erlernen, wir waren zu arm, nur meine Brüder kamen in die Lehre. *Ich* wurde nach der Ausbildung entlassen, bin arbeitslos und kriegte nur den Job in einer Putzkolonne, 3 Stunden täglich, nicht sozialversichert. Und *ich* muß unbedingt dazuverdienen (aber heimlich, das Sozialamt darf es nicht wissen), für meine Kinder und für mich, damit wir uns nicht zu schämen brauchen, ich bin geschieden.

Eine große Schar, Gott, auf der ganzen
Welt, von Managern gezählt:
an Fließbändern und Maschinen, hinter
Kassen in den Supermärkten, hinter Theken
und Ladentischen...

Wer weiß, wer will es wissen, was *Leicht-lohn* ist?
Die *»typische Frauenarbeit«* wiegt auf der Lohnwaage leicht, viel leichter als die der Männer; so leicht bemessen, so zugeteilt, daß wir im Alter *noch* schutzloser sind.
Wenig Rente oder keine.

Eine große Schar, Gott, auf der ganzen Welt. Getrieben, bewacht wie Schafe.
In der gängigen Arbeitsteilung,
im schmutzigen Leichtlohn werden Frauen selbstverständlich verachtet und *du* in uns.
Jeder Mensch ist zum Dienen berufen.
Jeder Mensch braucht Anerkennung, Arbeitsfreude und lebenswerten Lohn.

Gib uns Mut, Gott, anders zu werden; bestärke uns im Selbstvertrauen, daß unsre Würde wächst und daß die Ängste vor den Machtbesitzern kleiner werden; schenke uns Stimme und Wort für unser Menschenrecht in Kirche und Gesellschaft; denn das stumme Dulden und Warten, das heimliche Schimpfen und Klagen verhindern unser Leben.

Amen

Eucharistische Dienste der Frauen

Wenn es darum geht, Gott, Eucharistie zu feiern, sinkt meine Würde als Frau auf den Nullpunkt. Der Altarraum wurde mir für Kurzzeiten sondergenehmigt. Noch darf ich die Worte von Männern vom Ambo aus verlesen. Noch darf ich, vom Bischof beglaubigt, das heilige Brot austeilen. Noch dienen Mädchen mit am Altar.
Gott, heilige Fülle, die immer erschafft und bewegt, du wirst *heute* nicht gefragt,
wozu du *heute* uns Frauen berufen willst.
Gott, überzeitliches Heil, unser Papst und einige Bischöfe legen dich fest auf Zeitbedingtes vor 2000 Jahren.
Dein Heiliger Geist darf nichts Neues
in unsere Kirche bringen, trotz deiner
Verheißung: Siehe, ich mache alles neu!

Ich spüre in mir die Gabe, zu predigen, Gott, und andere Frauen den Ruf, als Priesterin dir und den Menschen zu dienen. Die männliche Hierarchie erlaubt es uns nicht. So, wie sie den Priestern durchweg die Ehe verbietet.
Angst, vor deinem weiblichen Ebenbild, heiliges Du? Angst, vor dem Verlust
an Macht?
Immer wieder bitten wir dich für uns alle um die Befreiung zur Liebe, die uns Jesus verkündet und vorgelebt hat,   Amen

ur-sprüngliches Lob

wir wollen wieder den Altar umschreiten
wir wollen wieder Flöte spielen
wir wollen Geige und Gitarre jubeln lassen
und tanzend Kreise ziehen
in deinem Heiligtum
du *Ur-Sprung*
allen Lebens
du Anfangstönen
unendliche Musik des Alls
du Mutterquelle und
du Vaterströmung
Dynamik unsres Heilig-Werdens

wir wollen Sehnsucht, Hoffnung, Liebe
in Bewegung bringen
und deinen Rhythmus miteinander
teilen
auf leichten Sohlen
auf verletzten Füßen
bis
in
das Hochzeitszelt

Schuldbekenntnis

ich bekenne
Gott, der Schöpferin Liebe,
die ohnmächtig kommt,
um in unseren Herzen zu wohnen
und euch, die mit Jesus
Schwestern und Brüder werden können,
daß ich viel zuwenig
gelacht und gesungen habe;
daß ich mich verstümmeln ließ
von Sündenangst und lieblosen Menschen-
gesetzen;
daß ich Formeln für Worte des Lebens
hielt und erst langsam ent-deckte,
daß Jesus von Nazaret entfremdet
worden ist zum himmlischen Christus,
fern vom täglichen Lieben und Leiden;
ich bekenne,
daß ich meiner inneren Stimme mißtraut
und sie ängstlich zum Schweigen verurteilt
habe,
daß meine Zärtlichkeit mutig werden muß
und mit Freude und Dankbarkeit leben will
in meinen Gedanken, Worten und Werken,
durch meine Hoffnung, meine Liebe und
meinen Glauben an deine Gnade,
Schöpferin Liebe;

darum bitte ich alle, mit mir zu beten
um Wandlung des Herzens
zu Gott, unserm Heil

Anders, als es die Gewöhnung kennt

Ehre dir, Gott,
überall, wo Menschen leben.
Anders, als es die Gewöhnung kennt;

Ehre dir, Gott,
im verkauften Körper der Frauen,
die du zu Würde und Schönheit
erschaffen hast;

Ehre dir, Gott,
in verleumdeter Sehnsucht und Liebe,
die viele Frauen immer noch fesseln
und ängsten;

Ehre dir, Gott,
im Hungerweinen der Kinder,
das die verlassenen Mütter nicht
stillen können;

Ehre dir, Gott,
in der Sklavenarbeit der Männer,
die im Machtkampf erbarmungslos
umgebracht werden;

Friede in deiner heilenden Nähe
allen, die suchen und hoffen;
allen, die zweifeln und fühlen;
allen, die offen sind und verletzlich;

wir klagen vor dir;
wir fragen dich;
wir nehmen dich ernst
und ent-Herr-lichen dich;
denn du allein bist die heilende Kraft;
du allein bist die ohn-Macht der Liebe;
du allein bist Dien-Mut und Größe zugleich.

Jesus,
Mensch unter Menschen;
Jesus,
Freund der Frauen und aller Bedrückten;
Jesus,
am Tisch mit gescheiterten Menschen,
mit Drogensüchtigen, Straßenmädchen und
Heimatlosen;
du nimmst die Kranken und Schuldigen an,
erbarme dich unser;
du gehst den Verirrten und Trostlosen nach,
erbarme dich unser;
denn du schenkst Heilung in unsrer
heillosen Welt;
denn du zeigst Dien-Mut inmitten
von Machtsucht und Herrentum;
denn du wolltest nie der Höchste sein
und schenkst uns den Geist der Liebe,
der bittend und dankend zu Gott sagt
Vater und Mutter,

Amen

endloses Lied des Werdens

ich hör' dich singen in mir
das Lied des Anfangs;
wie du die Erde,
in deiner Sehnsucht gewachsen,
aus deiner Freude und Güte geformt,
geboren hast,
heilige Schöpferin Liebe

in deinen Wehen brausten die Ozeane –
alles Atmende schlief noch,
gewiegt in fruchtbaren Wassern;
bis du zärtlich und machtvoll
die Namen hinaussangst
ins All

Fischen strömte das Lied
in die Kiemen den Hauch –
Vögeln öffnete es in Kühnheit
die Flügel –
und sie trugen es ins weite Gewölbe

deinem Schoß entsprangen die Adern
der Ströme –
in ihren winzigen Wiegen erhoben sich
Blumen und Bäume

aus deinen Augen hast du die Sterne
gepflückt – Sonnen, unzählbar –
und sie gefügt zu Planetensystemen,
Milchstraßen und Spiralnebelwelten;
Auge um Auge deiner verschiedenen
Kinder
ertastete staunend das Licht

ich hör' dich singen in mir
das endlose Lied des Werdens,
heiliger Atem,
du Immer-mit-uns,
unerschöpfliche Schöpferin Liebe;

gib mir die Stimme,
es werdend zu singen ins tägliche Leben;
auch, wenn es sich an der Härte
der Machthaber bricht;
auch, wenn die Totgefütterten
nichts hören wollen;

irgendwie, irgendwann
erschüttert sein Schwingen
Gelähmtes, Betäubtes
aufs Neue zum Werden

Glaubensbekenntnis

ich glaube, daß du ganz anders bist, Gott,
als wir denken;
daß du dich niemals festschreiben läßt
in eine Gestalt, in ein Bild

ich glaube an dich, heilige Kraft,
die Mutter und Vater für uns ist
in Weisheit und Güte;
und daß uns Leiden und Not nicht trennen
von dir;
ich glaube, daß du Erde und Himmel
geboren hast,
das Weltall mit Sonnen- und Planeten-
systemen,
und daß du weiter Leben schenkst,
auch, wenn wir es nicht sehen;

ich glaube an Jesus von Nazaret,
den Menschen deiner Liebe,
der aus dir und in dir lebte und lebt,
deinen Sohn, unsern Bruder;
Maria hat ihn, innig vereint mit dir,
geboren;
in Liebe und Treue zu dir und zu
uns Menschen ist er am Kreuz gestorben;
er wurde begraben
und du hast ihn aus dem Tode geweckt
in unvergängliches Leben mit dir;

ich glaube an den Heiligen Geist,
die Schöpferin Liebe;
ich glaube, daß du unsre christlichen
Kirchen
verwandeln und heiligen willst,
daß du unsre offnen Herzen erwartest,
damit die Erde bewohnbar bleibt;

ich glaube an die Gemeinschaft aller,
die dich unter vielen Namen suchen;
denn du bist göttliche Fülle,
du willst uns heilen und sammeln;

ich glaube, daß du uns unbedingt annimmst
als Kinder,
ob Frau oder Mann,
ob schwarz oder weiß,
ob arm oder reich;
ich glaube, daß du die Schulden vergibst,
die Sünde heimatlos machst im Leben;

ich glaube, daß du uns durch den Tunnel
des Todes in Leben und Freude rufst
für immer

Amen

Schwestern weltweit

göttliches Du,
wir rufen dein Mit-Leiden an, erinnern uns
und dich:
weltweit
müssen Frauen Liebe und Hoffnung
entbehren;
weltweit
wird ihre Würde ungeboren abgetrieben;
weltweit
be-Herr-scht Krieg die Frauen: nimmt
gefangen, versklavt, verwundet, tötet

heilige Schöpferin Liebe,
wir wollen das Schweigen durchbrechen,
wie es anderswo Frauen tun
unter Lebensgefahr;
beschenke sie mit deiner Lebenskraft
ernähre sie mit Hoffnung und Mut
umarme sie zärtlich jeden Tag:
die Frauen,
die ihre entführten Töchter und Söhne,
Mütter und Väter, Schwestern und Brüder
suchen;
die Frauen,
die auf den Feldern und Märkten, die in den
Fabriken und Häusern, die auf der Straße
das tägliche Brot für ihre Kinder verdienen;

die Frauen,
die um das Wohnrecht in Elendsvierteln, in Städten und Dörfern kämpfen;
die Frauen,
die bis zum Umfallen schuften, damit ihre Kinder die Schule besuchen können;
die Frauen,
die verkauft, benutzt, vergewaltigt, geschlagen, ausgesaugt, verlassen, blindgemacht, sich selber verloren haben.

du Heil für alle, bestärke uns
das zu sagen, was ihre Stimmen stützt
das zu tun, was ihrer Tatkraft dient
das zu geben, was sie von uns erwarten

Amen

hosi ah na

heilig, heilig, heilig
ohne Macht und ohne Gewalten

heilig, heilig, heilig
hier und heute
im hektischen Alltag
im Kampf um Mammon und Macht
Himmel wird uns in Wehen geboren
hosi ah na auf der Erde

heile, heile, heile
du kommst zu uns
ganz göttliche Liebe
und bleibst in uns

hilf doch, hilf doch, hilf doch
wir hoffen auf dich
wir loben dich
hosi ah na

* hosi ah na
(hebräisch: hilf doch)

Heiliges Du

das uns mütterlich-väterlich
Leben schenkt,
Himmel in unseren Herzen,
Himmel überall in der Welt,
wo Liebe geschieht;
laß uns deine heiligen Namen erkennen,
Schöpferin Liebe, und umarmen

deine Freude und dein Friede
wachse überall in der Welt;
gib uns das Brot zum Leben;
heile uns von unsrer Schuld;
schenke uns Mut zum Verzeihen und
Geduld;
eine uns in deiner Liebe,
Gott,
heiliges Du,
in dem alles zu Hause ist!

Amen

Friede, nimm meine Hand

Friede,
nimm meine Hand;
kreise in jeder Zelle,
jeder,
mit dem Brot, das dich speist.
Laß dich weiterreichen von Hand zu Hand
Amen

Friede,
nimm meinen Mund;
keime in jedem Wort,
jedem,
mit dem Wort, das dich schuf.
Laß dich weitersagen von Mund zu Mund
Amen

Friede,
nimm meinen Fuß;
lebe in jedem Schritt,
jedem,
mit dem Ziel, das dich ruft.
Laß dich weitergehen von Weg zu Weg
Amen

Friede,
nimm auch mein Herz;
atme in jedem Schlag,
jedem,
mit dem Geist, der uns liebt.
Laß dich weiterlieben von Mensch zu
Mensch
Amen

Österliches Brot

Ich muß dich nicht erjagen,
du gibst dich ungeschützt
dem Hunger meines Lebens,
österliches Brot.

Ich muß dich nicht verdienen,
du legst dich unverdient
ins Bitten meiner Hände,
österliches Brot.

Ich muß dich nicht erlieben,
du reichst dich liebevoll
der Armut meines Herzens,
österliches Brot.

Psalm 23
Du bist meine Hirtin, Schöpferin Liebe

Du bist meine Hirtin, Schöpferin Liebe,
du nimmst mich zärtlich an deine Brust
in meinem Hunger nach Wärme und Nähe;
du blickst mich an aus Menschenaugen
und suchst mich heim.
Du nährst mich mit Stille und Atem
im Lärm und Streß meines Alltags;
du stillst meine Rastlosigkeit,
immer mehr zu erreichen an Gütern und
Macht;
du stillst meine Trauer,
ganz unten zu hocken,
ein Nichts zu sein, für erfolgreiche
Menschen;

du läßt meine Umwege zu
und bleibst meinen Irrwegen nah;
du lockst mich mit zärtlicher Stimme
auf heilende Erde,
daß meine betäubten Füße ertasten
Wohltat und Wunden, Heimweh und Rast;

im lebensfeindlichen Sog unsres Fortschritts,
im Düsenjägergeheul und der lautlosen
Todesdrohung bereiter Atomraketen
härtest du deinen Arm,
meine heilige Hirtin,
mich tröstend zu stützen,
mir Kraft zu wecken zum Widerstand;

du salbst meine Ängste und Wunden
mit Hoffnung;
du öffnest mir Quellen der Freude;
du reichst mir inmitten von Macht und
Profitgier das Brot des einfachen Lebens;
deine Freundschaft begleitet mich überall;
in deinen Armen, göttliche Liebe,
finde ich Heimat für alle Zeit

ich tanze uns, Gott

ich tanze *mich,* Gott
in deine Arme
die sanfte und starke Rundung
für Erde und All

ich tanze mein Hoffen und Ängsten
ich tanze mein Freuen und Trauern
ich tanze mein Leben und Sterben
in deine Arme hinein
die sanfte und starke Rundung
für Erde und All

ich tanze *dich,* Gott
in meine Fragen
das ungelöste Geheimnis
Warum und Wozu

ich tanze dein Sprechen und Schweigen
ich tanze dein Kommen und Fernsein
ich tanze dein Feuer und Dunkel
in meine Fragen
das ungelöste Geheimnis
Warum und Wozu

ich tanze *uns,* Gott

Bis wir ans letzte Ufer gelangen

Auf schwebenden Brücken
sind wir unterwegs
und zu Hause.
Immer aufs neue
von vertrauten Ufern
entlassen
suchen wir.
Drängend und zögernd
suchen wir,
widerstrebend
und voller Sehnsucht
suchen wir,
glaubend und zweifelnd
suchen wir,
fürchtend und hoffend
suchen wir,
ohne zu wissen
suchen wir.
Bis wir ans letzte Ufer
gelangen
suchen wir –
die verschiedensten
Namen nennend –
DICH

Du träumst in mir von einer Kirche

Du träumst in mir, mein Gott, und ich
mit dir:
von einer Kirche, arm an HERR-schaft,
reich an Dien-Mut und heiliger
Gemeinschaft;
von einer Kirche, arm an Macht und
Gütern,
reich an geschwisterlichem Leben;
von einer Kirche, arm an Dogmen und
Gesetzen,
reich an Vertrauen in die Kraft der Liebe;
von einer Kirche, arm an Angst und Enge,
reich in Erwartung deines guten Geistes;
von einer Kirche, arm an Formeltreue,
reich an Bewegung, an spontaner Freude;

Du träumst in mir, mein Gott, und ich
mit dir:
von einer Kirche ohne Vorurteile;
von einer Kirche ohne Spaltung;
von einer Kirche ohne Hierarchie;
von einer Kirche mit der ganzen Fülle,
die du verschenkst an Charismen,
an Fantasie und Fähigkeiten;
von einer Kirche, die Bewegung sucht,
weil du dynamisch-schöpferische Liebe bist;
von einer Kirche der Befreiung,
in der wir Menschen werden können,
wie Jesus es verheißt

Inhalt

Christa Peikert-Flaspöhler wurde 1927 in Nieder-Salzbrunn, Schlesien, geboren. Sie ist verheiratet, hat eine Tochter und lebt mit ihrer Familie in Osnabrück. Bis 1977 war sie im Schuldienst tätig. Seit 1979 publiziert Christa Peikert-Flaspöhler im Lahn-Verlag. Inzwischen erschienen fünf Gedichtbände (einige in 2. und 3. Auflage), zwei Stundenbücher und zahlreiche Bildtexthefte. Auf einer Toncassette, erschienen bei Studio Union im Lahn-Verlag, liest Christa Peikert-Flaspöhler aus ihren Werken. 1983 erhielt sie im Rahmen eines internationalen Wettbewerbes für christliche Literatur (Wien–Graz) den Preis für eine hervorragende Leistung auf dem Gebiet der Lyrik.